もっと知りたい ボランティア

5

監修 西尾雄志（近畿大学准教授）

知ろう！ 地域社会・災害 ボランティア

目次

ボランティアとSDGs《エスディージーズ》

　2015年9月25日の国連サミットで、地球環境《かんきょう》を保全《ほぜん》しながら発展《はってん》をつづけるための目標「持続可能《かのう》な開発目標(SDGs《エスディージーズ》)」が採択《さいたく》されました。SDGsは、2016年から2030年の15年間で国連加盟国《かめいこく》が達成すべき17の目標（ゴール）と169のターゲット（ゴールにいたるための具体的な課題）で構成《こうせい》されています。17の目標は、国だけでなく企業《きぎょう》や市民が参加し、社会全体で達成をめざすものとされています。

　本書では、ボランティアの活動をSDGsの観点からとらえ、SDGsのどの目標にかかわるかを右のアイコンでしめしています。

団体名《だんたいめい》の表示《ひょうじ》について

　この本で活動をとりあげている団体《だんたい》には、NPO法人および認定《にんてい》NPO法人がふくまれます。NPO法人は、NPO法人（特定非営利《ひえいり》活動法人）制度《せいど》にもとづき、団体の名前で契約《けいやく》や取引ができる法人格《ほうじんかく》を得《え》た団体です。認定NPO法人は、NPO法人のなかでも、その団体に寄付《きふ》した人が税《ぜい》の優遇《ゆうぐう》を受けられる団体です。

　NPO法人は特定非営利活動法人ともよばれますが、この本ではNPO法人と記します。また、各団体の種類は「団体データ」内の「団体名《めい》称《しょう》」にしめします。

はじめに

まちが生みだす、人と人との関係

このシリーズの第４巻《かん》『知ろう！ 国際協力ボランティア』の「はじめに」で、グローバル化について考えました。グローバル化とは、ものや情報《じょうほう》、人が国境《こっきょう》をこえて世界規模《きぼ》で行き来している今日《こんにち》の状況《じょうきょう》をさします。

あなたが着ている服は、どこか遠くにいる人がつくったものです。それは服についているタグを見るかぎりまちがいない。しかしそれをつくった人は、どんな人なのか、どんな生活をしているのか、わからない。そして名前もわからない。グローバル化におけるつながりの特徴《とくちょう》は、だれなのかわからない「匿名性《とくめいせい》」にあります。

いっぽう、いくらグローバルに移動《いどう》しているとしても、人はどこか決まった場所に住んでいます。そして、人が住むまちや地域《ちいき》のなかでは、顔の見える関係がつくりやすいのです。このちがいは、遠くにいるか、近くにいるかという距離《きょり》だけから生まれるわけではありません。

グローバル化によって遠くの人と関係をもったといっても、それは服を売る、買う、食料を売る、買う、の関係です。「売る、買う」の関係では人間関係ができにくいのです。しかし「あげる、もらう」でものをやりとりすると、人間関係が生まれやすくなります。

たとえばケーキ屋さんでケーキを買っても、ケーキ屋さんと人間関係ができるわけではありません。しかし、友だちの誕生日《たんじょうび》にケーキをプレゼントしたら、友だちはきっと喜《よろこ》ぶでしょうし、そこからとても仲がよくなると思います。誕生日をケーキで祝ってもらった人が、ケーキをくれた人の誕生日にケーキをお返しして祝ってあげれば、もっと仲がよくなるでしょう。

むずかしいことばでいうと、最初にケーキをあげることを贈与《ぞうよ》といいます。そして、ケーキをくれた人の誕生日にケーキをプレゼントすることを返礼《へんれい》といいます。贈与と返礼がくりかえされることで、人間関係ができます。つまり友だちになれます。この贈与､返礼が起きやすい単位が、グローバルではなくローカル、つまり、まちや地域です。そして、顔が見える関係ができると地域が強くなる。それが災害《さいがい》のとき、顕著《けんちょ》にわかります。

災害《さいがい》に強い地域《ちいき》とは

日本は災害《さいがい》列島です。地震《じしん》がたくさん起き、台風や大雨など自然災害も多く起こります。そして自分の住む地域《ちいき》で自然災害が起きてしまい、自分の命が危《あや》うくなったとき最初に助けてくれるのは、となりに住んでいる人、近所の人なのです。地域の人とのつながりが強いと、地域が強くなります。地域が強いと、災害にも強くなるのです。災害ボランティアにたずさわる人たちも、地域がもつ力に注目しています。

地域のつながりを強くする要素《ようそ》は、日常的《にちじょうてき》に接《せっ》しているということだけではありません。地域には歴史《れきし》があります。伝統《でんとう》もあります。それらを共有することで、ますます地域は強くなっていくのです。そんな実例をこの本を通して実感し、みなさんが地域に目を向けるきっかけになればと思います。

2022年3月

近畿《きんき》大学　准教授《じゅんきょうじゅ》
西尾雄志《にしおたけし》

地域《ちいき》社会・災害《さいがい》ボランティア おすすめチャート

この本では、7つの地域《ちいき》社会・災害《さいがい》ボランティア活動を紹介《しょうかい》しています。
あなたに向いている活動はどれか、このチャートでためしてみましょう。
気になった活動から読んでみるのもいいですね。

どちらに興味《きょうみ》がある？

地域《ちいき》の人とくらし ……… A

災害《さいがい》へのそなえ ………… B

タイムスリップするなら？

未来に行く ……………… A

過去《かこ》に行く ……………… B

どちらに興味がある？

被災地《ひさいち》の緊急支援《きんきゅうしえん》 ……… A

日ごろの防災《ぼうさい》・減災《げんさい》 …… B

A →

B ……→

友だちと仲よくなるには？
イベントでもりあがる … A
いっしょに勉強する …… B

地域活性《かっせい》化《か》ボランティア
まちスウィング
………………… 10 ページ

地域人材育成ボランティア
まるオフィス
………………… 14 ページ

休みの日には何をする？
体を動かしてすっきり … A
のんびり散歩する ……… B

民俗芸能《みんぞくげいのう》保存《ほぞん》ボランティア
鬼柳鬼剣舞《おにやなぎおにけんばい》保存会《ほぞんかい》
………………… 20 ページ

町なみ保存ボランティア
肥前浜宿水《ひぜんはましゅくみず》とまちなみの会《かい》
………………… 24 ページ

災害緊急支援ボランティア
OPEN JAPAN《オープン ジャパン》
………………… 30 ページ

どちらに興味がある？
防災のまちづくり ……… A
防災知識《ちしき》の伝えかた …… B

地域防災ボランティア
レスキューストックヤード
………………… 34 ページ

＊レスキューストックヤードは被災地の緊急支援も行っています。くわしくは記事をお読みください。

防災教育ボランティア
プラス・アーツ
………………… 38 ページ

第1章

まちづくりを進める

まちづくりの主役は住民

　まちづくりというと、自治体の役所の人たちが専《せん》門《もん》家《か》と進めていくもののように思えるかもしれません。しかしいちばん大切なのは、そこにくらしている人たちの思いです。

　自治体の側からは、公共事業や行政《ぎょうせい》サービスについて、説明会を開いて意見をもとめたり、公開している政策案《せいさくあん》に対する意見を広く集めるパブリック・コメント制度《せいど》をもうけるなど、住民の声を反映《はんえい》するさまざまな機会をつくっています。

　また、住民からはじまる、住民が主役になるまちづくりが各地ではじまっています。主役である住民は、まち（地域《ちいき》）を舞台《ぶたい》に物語を演《えん》じますが、決まった台本はありません。物語をつくりだすのは「自分のまちをよりよいものにしたい」と思っている住民自身です。住民たちはこの思いを共有し、協力しあいながら、まちづくりのボランティア活動を楽しんでいます。

愛知県春日《かすが》井《い》市《し》の植物園で開かれていた音楽イベント「高蔵寺《こうぞうじ》フォークジャンボリー」。たくさんの地元ボランティアが参加し、住民の手で運営《うんえい》されました。

©社会福祉法人 まちスウィング

8 働きがいも経済成長も

11 住み続けられるまちづくりを

地域活性化《ちいきかっせいか》ボランティア

イベントで出会いを生み だれも排除《はいじょ》しない地域《ちいき》をつくる

まちスウィング

わたしたちがくらす地域《ちいき》は、さまざまな人で構成《こうせい》されています。住民一人一人《ひとり》が大事にされ、最低限《さいていげん》の生活が保障《ほしょう》されて、苦しむ人がいないようにするのが行政《ぎょうせい》サービスの基本《きほん》です。まちスウィングは行政《ぎょうせい》や地域ボランティアと手をとりあい、心うきたつような楽しいことを実践《じっせん》し、「0歳《さい》から100歳まで、ずっといっしょにまちで幸せにくらす」ことをめざして活動しています。

「ここは人にやさしい町なのか」という自問自答から

「まちスウィング」の活動は、現理事長《げんりじちょう》である治郎丸慶子《じろうまるけいこ》さんのとまどいからはじまりました。1998年、治郎丸さんの3番めの子どもはダウン症《しょう》という障《しょう》がいをもって生まれました。治郎丸さんは仕事をやめて子育てに専念《せんねん》することになりました。しかし、どうやって育てていけばいいのかわからず、「この町でくらしていけるのだろうか。そもそもここは人にやさしい町なのか」と、自問自答をはじめたのです。

やがて治郎丸さんは、自問自答にこたえるように、障がい児支援《しえん》のボランティア活動にかかわり、2006年に障がいをもつ子どもたちとその親を支援する団体《だんたい》「まちのエキスパネット」をつくりました。

治郎丸さんがくらしていた町は、愛知県春《かす》日井市《がいし》の丘陵《きゅうりょう》地帯につくられた高蔵寺《こうぞうじ》ニュー

団体データ

団体名称《だんたいめいしょう》	社会福祉法人《しゃかいふくしほうじん》 まちスウィング
設立《せつりつ》	2021年（前身の「まちのエキスパネット」設立《せつりつ》は2006年）
所在地《しょざいち》	愛知県春日井市藤山台《かすがいしふじやまだい》1-1 高蔵寺《こうぞうじ》まなびと交流《こうりゅう》センター3階《かい》
電話《でんわ》	0568-37-2933
ファクス	0568-37-2933
メール	info@machiswing.jp
ホームページ	https://www.machiswing.jp

タウンです。名古屋《なごや》のベッドタウンとして、1968年から入居《にゅうきょ》がはじまった大規模《だいきぼ》な集合住宅地域《じゅうたくちいき》で、約8万人がくらせる計画でした。高蔵寺ニュータウンはもともと市民活動がさかんなところでしたが、40年たつと住民は高齢化《こうれいか》し、町の活気がうすれつつありました。まちのエキスパネットはそんな町の状況《じょうきょう》を受けて、「福祉《ふくし》」と「まちづくり」という2つの事業を行っていくことになります。

2018年、まちのエキスパネットの活動を大きく発展《はってん》させるできごとがありました。子どもの数がへり、高蔵寺ニュータウンの2つの小学校が1つに統合《とうごう》されたのです。廃校《はいこう》になった旧藤山台東小学校《きゅうふじやまだいひがし》には、校舎《こうしゃ》を活用した複合施設《ふくごうしせつ》「高蔵寺まなびと交流センター グルッポふじとう」がオープンしました。まちのエキスパネットは建てものの3階《かい》に事務所《じむしょ》をうつして、施設の運営《うんえい》の一部をになうことになりました。

2021年、これまでの活動をよりたしかなものにしていきたいと、まちのエキスパネットを引きつぐ「社会福祉法人《しゃかいふくしほうじん》 まちスウィング」を設立しました。この新しい団体名《だんたいめい》には、まちを楽しくスウィング（ゆらす）しながらみんなが笑顔《えがお》でくらしていけるように、という願いがこめられています。

理事長の治郎丸慶子《じろうまるけいこ》さんに聞きました

社会とのあいだに高いハードルがある人たちのことが気になり、何かできる人、何かしたい人をつなげていきたいと活動してきました。ボランティアの現場《げんば》は自分の力や心が発見できる場、思っている以上に自分が役にたつ場、自分が強くなれる場です。そして、自分で見つけて努力すると、いずれ自分に大きなおくりものをもらえる場でもあります。わたしも団体《だんたい》の活動が軌道《きどう》に乗ったら、また一人《ひとり》のボランティアにもどりたいと思っています。

多くのボランティアがささえるイベント

まちスウィングの柱となる事業は、「グルッポふじとう」の3階《かい》にもうけられた、障《しょう》がい児療育《じりょういく》・障がい者就労支援《しゅうろうしえん》などを行う「こどもとまちのサポートセンター」の運営《うんえい》です。発達に不安のある子どもたちを支援するとともに、障がいのある18歳《さい》以上の人が焼き菓子《がし》やそうざいの製造《せいぞう》などを行う就労支援をしています。施設《しせつ》の1階ではコミュニティーカフェ「g café Fujito《ジー カフェ ふじとう》」を運営し、3階でつくった焼き菓子やそうざいを販売《はんばい》しています。障がいをもつ人たち

障《しょう》がいをもつ人のはたらく場でもあるコミュニティーカフェ。音楽会が定期的に開かれます。

ボランティアの声

ブッククロッサー　榊原英美加《さかきばらえみか》さん

「グルッポふじとう」内でブッククロッシング（本を新しい人の手にわたす、本に旅をさせようという活動）をやったのがまちスウィングさんとの出会いです。ほかにも、お年よりの方にスマートフォンの使いかた教室を開いたりしています。ボランティアはけっこうかんたんにできるんです。たとえば声優志《せいゆうし》望《ぼう》の人なら、朗読《ろうどく》ボランティアをすると声の出しかたや読みかたが学べるのでおすすめです。

もスタッフとしてはたらいていて、地域《ちいき》の人たちのいこいの場になっています。

まちづくりのおもな活動には、2008年から10年間行われた「高蔵寺《こうぞうじ》フォークジャンボリー」があります。青春時代にギターをひいてすごしていたシニア世代の人たちに、もういちど若《わか》いころを思いだして楽しんでもらおうと企画《きかく》した音楽祭で、毎回1万人以上もの人が集まりました。

また、2009年からニュータウンの大型《おおがた》ショッピングセンターで「高蔵寺きてみん祭」という夏祭りを開いています。子どもからお年よりまで1日に2万人もの人が集まり、夏の一夜を楽しみます。ほかにも「グルッポふじとう」のカフェで定期的にコンサートを開くなど、建てものや敷地内《しきちない》で四季を通じてさまざまなイベントを開催《かいさい》しています。

イベントの数が多く、大規模《だいきぼ》なものも多いので、運営《うんえい》には人手がかかります。そこで、地元住民たちはイベントに参加するだけでなく、ボラ

「高蔵寺《こうぞうじ》きてみん祭」はステージや屋台がにぎやかで、ニュータウンの夏祭りとして定着しています。

ンティアとしてイベント運営を手伝《てつだ》っています。それが地域に交流を生み、風通しをよくしています。また、人が集まることで、地域経済《けいざい》も活性化《かっせいか》するというメリットも生まれています。

もう一つ、まちスウィングの大事な活動に、コミュニティー紙「グルッポふじとうニュース」があります。グルッポのイベントや館内施設《しせつ》のお知らせ、高蔵寺の町のニュースや話題を取材し、月に1回発行しています。

ボランティアの声

ウクレレ講師《こうし》　大槻恵美《おおつきえみ》さん

「高蔵寺《こうぞうじ》フォークジャンボリー」がはじまるというとき、ウクレレ奏者《そうしゃ》としてステージに立つだけでなく、最初から音楽祭をつくりあげていくことがおもしろそうで「お手伝《てつだ》いします！」と声をかけたのが、ボランティアのきっかけでした。10年で終わったのは残念でしたが、なかなかできない経験《けいけん》をさせてもらいました。ウクレレ教室を開いていますので、ウクレレが役にたつときはいつでも手伝いたいと思っています。

もう一つの廃校《はいこう》を理想の複合施設《ふくごうしせつ》に

高蔵寺《こうぞうじ》ニュータウンでは2024年度、小学校がもう1校廃校《はいこう》になります。その校舎《こうしゃ》には企業《きぎょう》のほか、診療所《しんりょうじょ》や調剤《ちょうざい》薬局、カフェやそうざい店、フィットネス施設《しせつ》などの出店が計画されており、障《しょう》がい者や高齢者《こうれいしゃ》が入居《にゅうきょ》できる場所ももうけられます。「だれも排除《はいじょ》されない地域《ちいき》をつくる」というまちスウィングの理想そのものの施設で、運営《うんえい》にかかわる治郎丸《じろうまる》さんも楽しみにしています。

まちスウィングの福祉《ふくし》事業は行《ぎょう》政《せい》からの委託《いたく》が多いので、収入《しゅうにゅう》は安定していますが、まちづくりの活動には60人ほどの熟練《じゅくれん》したイベントボランティアが協力してくれています。まちスウィングが手がける事業には、年間のべ3万人以上（コロナ禍《か》前）の市民がなんらかのかたちで参加しています。自分たちの町をスウィングするように楽しむ人は今後もふえていくことでしょう。

「グルッポふじとう」のハロウィン祭。毎月のさまざまなイベントを、多くの人が楽しみにしています。

地域《ちいき》の次世代を育てる学びの場をつくる

まるオフィス

「地元には仕事も遊ぶ場所もない」と若者《わかもの》たちが都市部に出ていき、少子高齢化《こうれいか》になやむ地域《ちいき》が全国にはたくさんあります。まるオフィスのある宮城県気仙沼市《けせんぬまし》も同じで、2011 年の東日本大震災《だいしんさい》がそれに追いうちをかけました。でも、震災《しんさい》ボランティアでやってきた若者《わかもの》たちはこの土地のおもしろさに気づき、その活動は地域ぐるみで次世代を育てる学びの場づくりに発展《はってん》しています。

「何もない」といわれた気仙沼《けせんぬま》で

東日本大震災《だいしんさい》が起こったのは 2011 年 3 月。加藤拓馬《かとうたくま》さんは、大学を卒業して社会人になる直前でした。学生時代からハンセン病快復者《かいふくしゃ》へのボランティア活動などに没頭《ぼっとう》し、海外へも出かけていた加藤さんは「東京でスーツを着てはたらいている場合じゃない。自分が東北に行かないでどうする？」との思いで、先行して活動していた友人のボランティアチームに合流し、気仙沼市《けせんぬまし》の半島部にある漁師町《りょうしまち》に入りました。

加藤さんは、個人宅《こじんたく》にねとまりさせてもらいながら、がれきの撤去《てっきょ》や避難所《ひなんじょ》での支援《しえん》活動を手伝《てつだ》いました。地元の人たちと少しずつ仲よくなって、2012 年の春には正式に気仙沼市に移住《いじゅう》しました。しかし震災《しんさい》1 年後で、つかれも最大になっていた住民たちのあいだには「気仙沼には何もない。若者《わかもの》たちもどんどん外に出ていく」というあきらめの空気がただよっていたといいます。それに気づいた加藤さんは、ボランティア仲間や地元の人たちとまちづくり団体《だんたい》をつくり、震災の復《ふっ》興《こう》助成金を活用してさまざまなことを企画《きかく》し

団体データ

団《だん》体《たい》名《めい》称《しょう》　一般社団法人《いっぱんしゃだんほうじん》 まるオフィス
設《せつ》立《りつ}　2015 年
所《しょ》在《ざい》地《ち》　宮城県気仙沼市唐桑町宿浦《けせんぬましからくわちょうしゅくうら》 232-2
電《でん》話《わ》　0226-25-9190
ホームページ　https://maru-office.com/

ていきました。

そのひとつが「まち歩き」です。ボランティアで地域外《ちいきがい》からやってきた人たちが、地元の人のガイドで地域内を歩き、これはおもしろいというものを見つける「あるものさがし」をして地元マップをつくり、回を重ねるごとに地図を充実《じゅうじつ》させました。ほかにも、地元の若者と地元のリーダーをつなぐ「ぬま塾《じゅく》」、まちづくりの実践塾《じっせんじゅく》である「ぬま大学」などを企画し、地域を元気にする活動を次つぎとはじめました。その積みかさねで、2015年に「まるオフィス」が生まれたのです。

「まち歩き」で浜辺《はまべ》を歩いたあと、おもしろかったところを報告《ほうこく》しあい、絵地図に入れこんでいきます。

地域《ちいき》ぐるみで、中学・高校生の探究《たんきゅう》学習を応援《おうえん》

活動のなかで、加藤《かとう》さんたちは地元特有の漁師《りょうし》文化に着目しました。かつては、ウニやアワビなどの海産物だけでなく、必要なものは海から船で入ってきていました。結果として、入りくんだ入《い》り江《え》（浜《はま》）ごとにくらしや風習がことなり、加藤さんにはそれがこの土地の魅力《みりょく》に見えたといいます。

文化は魅力的《みりょくてき》なのに、問題はそれを受けつぐ子どもが少ないことです。いまのままだと50年先の未来はないと考えた加藤さんは、地元の子どもたちを対象《たいしょう》に、漁船に乗る体験プログラムを考えました。週末に船で数時間沖に出て漁を体験し、漁師《りょうし》という仕事に興味《きょうみ》をもってもらおうというものです。この地域《ちいき》でも、祖父《そふ》は漁師だったけれど父親はサラリーマンという子どもたちが多く、非日常《ひにちじょう》の体験は子どもたちに好評《こうひょう》でした。

しかし、子どもたちと接《せっ》するうちに、加藤さんたちの思いは少しずつ変化していきました。子どもたち自身が望む未来が実現《じつげん》するように応援《おうえん》するのが、あるべきおとなのすがた

代表理事の加藤拓馬《かとうたくま》さんに聞きました

震災《しんさい》ボランティアで気仙沼市《けせんぬまし》に来たのは、ハンセン病の元患者《もとかんじゃ》さんとの縁《えん》でした。新卒で社会人経験《けいけん》のない自分にチャレンジする場をあたえ、それを応援《おうえん》してくださった地元（気仙沼市唐桑《からくわ》地区）のみなさんには、心から感謝《かんしゃ》しています。都市部と地方の教育格差《かくさ》も指《し》摘《てき》されていますが、逆《ぎゃく》にいえば課題の先進地である地方は、最高の学びが得《え》られる土地でもあるわけです。都市集中型《しゅうちゅうがた》ではなく、地方分散型《ぶんさんがた》の社会を実現《じつげん》できるようこれからも活動していきたいです。

ボランティアの声

民宿経営《けいえい》　菅野一代《かんのいちよ》さん

東日本大震災《だいしんさい》で自宅《じたく》が全壊《ぜんかい》になり、屋根と柱だけが残っていた家に加藤拓馬《かとうたくま》さんたちがやってきて、「学生ボランティアのねとまりに使わせてもらえないか」と言われたのが出会いです。ボランティアはとてもありがたく、そのお礼がわりにおかししました。その後、家を改修《かいしゅう》して民宿を開業しましたが、「こまったときにはいつでも声をかけてね」というくらいの距離感《きょりかん》で協力しています。親みたいなものかもしれませんね。

ではないか。「自分たちはこれからなんにでもなれるんだ！」と子どもたちに思ってもらうことが、まちづくりにとっていちばん大事だと考えるようになったのです。

こうしてはじまったのが、「地元」というフィールドを使って、子どもたちが自分の未来をつくりだすことに挑戦《ちょうせん》するプログラム「じもとまるまるゼミ（まるゼミ）」です。まるゼミにはさまざまな事業があり、加藤さんは地元中学校の「総合的《そうごうてき》な学習の時間」の授業《じゅぎょう》コーディネーターとして、中学生の探究《たんきゅう》学習と地域住民とを結びつけています。

さらに市と協力して、「マイプロジェクト」に挑戦する数十人の高校生を、一人《ひとり》一人に伴《ばん》走《そう》しながら応援しています。高校生が自分だけのプロジェクトを追究するこの活動は、防災《ぼうさい》や環境《かんきょう》の問題、過疎《かそ》化《か》、あき家など、さまざまな地域課題をテーマにしています。これらの、かんたんには答えが見つからない問いに、高校生たちはさまざまな仮説《かせつ》を立てて、地元で具体的な行動を起こし、解決策《かいけつさく》へとブラッシュアップしていきます。

たとえば、「幼児《ようじ》の防災意識《いしき》を高めるためには」をテーマにした高校生は、

漁師《りょうし》さんの船に乗せてもらい、はじめて漁を体験する地元の中学生たち。

幼児向けにオリジナルの絵本をつくるとともに、地震《じしん》でゆれたときにはつくえの下でダンゴムシのように体を丸めるという防災ゲームを考案して、じっさいに市内のいくつかの保《ほ》育施設《いくしせつ》で絵本の読みきかせと防災ゲームを行いました。まるオフィスのスタッフはこの高校生によりそい、プロジェクトの精度《せいど》を高めるためにさまざまな投げかけをしました。この高校生をはじめ、「マイプロジェクト」を発表する全国大会で高い評価《ひょうか》を受ける生徒が次つぎと出ています。

まるゼミではほかにも、若手経営者《わかてけいえいしゃ》が市内の中学校をたずねて、仕事内容《ないよう》ややりがいを伝える出前授業を共同で開いたり、地元のあき商店を改修《かいしゅう》して中学生・高校生が地域の人たちと出会えるシェアスペースをつくるなど、さまざまなことをしかけています。

ボランティアの声

もとインターン生　宮本夏希《みやもとなつき》さん

加藤拓馬《かとうたくま》さんの大学の後輩《こうはい》にあたり、2020年度の長期インターン生として、大学を休学して1年ほど滞在《たいざい》しました。高校生のマイプロジェクト支援《しえん》に参加したとき、生徒たちが自分の小さなモヤモヤやワクワクから、やりたいことに気づき、おとなや地域《ちいき》の人をまきこみながら行動することでどんどん自信を得《え》ていくすがたに感動しました。「まずやってみる、それから学ぶ」ことの大切さを知りました。

地方は課題の先進地

まるオフィスは、市の中心部にある「気仙沼市《けせんぬまし》移住《いじゅう》・定住支援《しえん》センターMINATO《みなと》」の運営《うんえい》もうけおっています。ここでは、気仙沼地域《ちいき》に興味《きょうみ》をもち移住を考えている人たちに向けてイベントを企画《きかく》したり、おためし移住などをよびかけることで、気仙沼市につながる人たち、ひいては定住人口をふやすのを目的とした事業を行っています。

まるオフィスのスタッフは加藤《かとう》さんをはじめとする9人の移住者《いじゅうしゃ》で、活動は行《ぎょう》政《せい》などからの事業委託費《いたくひ》のほか、全国にいる支援者《しえんしゃ》からの寄付金《きふきん》でまかなわれます。

地方は過疎《かそ》や高齢化《こうれいか》など、日本が今後解決《かいけつ》すべき課題の先進地といえます。まるオフィスは、みずからの体験から学びながら、いちはやくその課題に立ちむかっています。

地元の中学生・高校生たちが集まるシェアスペースで、この日は夏キャンプの作戦会議です。

第2章

伝統《でんとう》文化を伝える

くらしのなかの伝統《でんとう》文化

伝統《でんとう》文化とは、長い時間をかけて、あるていど原《げん》型《けい》をたもちながら受けつがれてきた文化です。その例として、茶道《さどう》や華道《かどう》、能《のう》や歌舞伎《かぶき》などが思いうかび、遠い世界にあるように感じますが、じつはわたしたちのくらしのなかにも伝統文化があります。

毎日の食事や衣服は西欧化《せいおうか》して、朝食はパンだし、生活のなかで着物を着ることのない人も多いでしょう。でも、正月にはおせち料理を食べ、夏祭りではおみこしをかつぎます。それをあたりまえとして育ち、そうするのが心地《ここち》よいからだと思われます。このように、昔からの習わしを受けいれていくことが、伝統文化の根本にあります。

伝統文化は地域《ちいき》との結びつきが強いものが少なくありません。そこで、地域の独自性《どくじせい》を表している伝統文化に着目し、それを継承《けいしょう》したり復活《ふっかつ》させたりする動きが日本各地で見られるようになりました。それをささえているのは「おもしろそう。やってみたい」というボランティアたちの思いです。

地域《ちいき》に残る古い町なみも伝統《でんとう》文化の一つです。佐賀県鹿島市《かしまし》の肥前浜宿《ひぜんはましゅく》の町なみでは、ボランティアが観光客に歴史《れきし》や見どころを解説《かいせつ》しています。

©肥前浜宿水とまちなみの会

11 住み続けられるまちづくりを

民俗芸能《みんぞくげいのう》保存《ほぞん》ボランティア

地域《ちいき》に息づいてきたおどりを次の世代に伝える

鬼柳鬼剣舞保存会《おにやなぎおにけんばいほぞんかい》

人びとのくらしのなかから生まれたおどりや歌など、その土地の人たちが受けついだものを民俗芸能《みんぞくげいのう》といいます。民俗芸能は年中行事の祭礼などで地元の人たちによって演《えん》じられてきましたが、その土台となっていた人びとのくらしは大きく変わってきています。各地の民俗芸能保存会《ほぞんかい》が、次世代を育てる挑戦《ちょうせん》をはじめています。

鬼剣舞《おにけんばい》は邪鬼《じゃき》をはらい、人びとをすくうおどり

東北地方では、さまざまな民俗芸能《みんぞくげいのう》が現代《げんだい》まで伝わっています。その一つが岩手県北上市《きたかみし》周辺でおどられる「鬼剣舞《おにけんばい》」です。もともとは、1300年ほど前に東北地方の山中で修行《しゅぎょう》をしていた僧侶《そうりょ》がおどった念仏《ねんぶつ》おどりがはじまりといわれます。念仏を唱えながら大地を力強くふみしめる動きをすることで、さまざまな邪鬼《じゃき》（人によくないことをもたらす神、つまり鬼《おに》のこと）を追いはらい、人びとをすくおうとしたのです。

江戸《えど》時代後期から、現在《げんざい》見られるような鬼剣舞がおどられるようになりました。頭をふりながら、大地を舞《ま》うように両手両足を大きくリズミカルに動かすおどりで、いかめしい鬼のお面をつけることから鬼剣舞とよばれていますが、お面には鬼のような角《つの》がなく、じつは仏《ほとけ》さまの化身《けしん》とされています。

現在、北上市内には10をこえる地域《ちいき》に鬼剣舞が伝わっていて、それぞれに保存会《ほぞんかい》があります。「鬼柳鬼剣舞保存会《おにやなぎおにけんばいほぞんかい》」もその一つで、

団体データ

団《だん》体《たい》名《めい》称《しょう》	鬼柳鬼剣舞保存会《おにやなぎおにけんばいほぞんかい》
設《せつ》立《りつ》	1941年 （現在《げんざい》の名前になったのは1954年）
所《しょ》在《ざい》地《ち》	代表者：庭元《にわもと》　菅原晃《すがわらあきら》 岩手県北上市《きたかみし》鬼柳町六軒《おにやなぎちょうろっけん》100-1
電《でん》話《わ》	090-4630-4323
メール	akiraoni@ginga-net.jp
Twitter《ツイッター》	https://twitter.com/oniyanagioni

鬼柳町《おにやなぎちょう》に転入してきた鬼剣舞の経験者《けいけんしゃ》を指《し》導者《どうしゃ》にむかえ、1941 年に活動がはじまりました。当時この地域では、たがいに助けあう「結《ゆ》い」という考えかたで、農作業や冠《かん》婚葬祭《こんそうさい》などを協力して行っていました。地域のみんなで楽しめることをふやしたいというのが、鬼柳地域に鬼剣舞がもちこまれた理由だったようです。

鬼剣舞《おにけんばい》はもともと屋外でおどられていました。これは送り火盆供養《ぼんくよう》としておどっているところです。

第二次世界大戦後、毎日の生活にいそがしいおとなにかわって子どもたちに教えておどってもらおうと、1951 年に少年組の育成がはじまりました。保護者《ほごしゃ》による育成会もでき、現在にいたっています。

おどりを身につけ、いろいろな場で発表

北上市《きたかみし》の鬼剣舞《おにけんばい》のなかには、国の重要無形民俗文化財《みんぞくぶんかざい》に指定されている岩崎《いわさき》鬼剣舞があります。市内に伝わっている 13 の鬼剣舞は、保存会《ほぞんかい》によって多少のちがいはありますが、すべて岩崎鬼剣舞の流れをくんでおり、鬼柳鬼剣舞も岩崎鬼剣舞から直接伝授《ちょくせつでんじゅ》されています。

鬼剣舞には全部で 18 の演目《えんもく》があり、長い演目は 12 分ほど、短いもので５分ほど、多くは８人１組でおどります。演目ごとに物語があるわけではなく、おどりはいくつかの基本的《きほんてき》な動きの組みあわせでできています。

太鼓《たいこ》１人《ひとり》、手平鉦《てびらがね》１人、笛２～３人で構《こう》成《せい》される囃子方《はやしかた》がつき、それぞれの楽器が演目に合わせて音を出します。演目によっては独特《どくとく》のふしまわしで念仏《ねんぶつ》を唱えることもあります。

鬼柳鬼剣舞保存会《おにやなぎおにけんばいほぞんかい》の目的は、先代のおどりを次の世代に正しく伝えることです。会の収《しゅう》入《にゅう》は公演《こうえん》による出演料《しゅつえんりょう》が大半をしめていますが、演じた人が出演料を受けとることはほぼ

庭元《にわもと》の菅原《すがわら》 晃《あきら》さんに聞きました

鬼柳地域《おにやなぎちいき》に生まれ、子どものころから鬼剣舞《おにけんばい》とともに育ちました。腰《こし》の下げかた、立《た》ち居《い》ふるまいなどを小さなときから細かく教わったので、動きは自然に体にしみつきました。鬼剣舞はちょっと手をぬくと、技《ぎ》量《りょう》がバタバタと落ちていき、おどれなくなります。最《さい》盛期《せいき》のころは年間 130 回以上公演《こうえん》していましたが、最近はコロナ禍《か》で年に数回になっています。第５代庭元《にわもと》として、へたなものを次の代に残すわけにはいかないと、全力でがんばっています。

なく、衣装《いしょう》や用具の購入《こうにゅう》には自治体の補助金《ほじょきん》や民間団体《だんたい》の助成金を活用しています。

おどりの練習は会員有志《ゆうし》が提供《ていきょう》した土地に建てられた「道場」で毎週3日、曜日ごとに子ども（小学生）、女性《じょせい》、中学生以上と分かれて行われます。おどりは長らく師匠《ししょう》から口伝で教えられ、それを見よう見まねで習得《しゅうとく》していましたが、最近は動画も活用しています。

練習時間は子どもは1時間、そのほかは2時間ほどで、大事なのは通いつづけることです。毎週道場に通うことで、おどりをいつも自分の体に覚えさせておくことができます。おどりは動きがはげしいので年齢《ねんれい》を重ねるとむずかしくなり、おどり手から囃子方《はやしかた》にかわる場合もあります。70代の会員もたくさんいて、昔の鬼剣舞《おにけんばい》の様子を若《わか》い人に伝える役割《やくわり》をになっています。

もともと鬼剣舞はお寺や神社などの庭（広場）でおどられていました。そのなごりで、鬼剣舞の一座《いちざ》をとりしきる最高責任者《せきにんしゃ》は「庭元《にわもと》」とよばれています。庭おどりは地域《ちいき》の伝統《でんとう》行事と結びついており、鬼柳鬼剣舞《おにやなぎおにけんばい》

ボランティアの声

師匠《ししょう》・おどりの指導責任者《しどうせきにんしゃ》
高橋邦治《たかはしくにはる》さん

中学1年生のとき、鬼柳鬼《おにやなぎおに》剣舞《けんばい》スポーツ少年団《しょうねんだん》の第1期生募集《ぼしゅう》があり、参加しました。おどるのが楽しかった。ただそれだけで練習をつづけ、その後は進学するときも就職《しゅうしょく》するときも頭のかたすみに鬼剣舞があり、剣舞ができることを前提《ぜんてい》にして進路を選びました。いまでは師匠《ししょう》として週3回道場に通っています。大事なのは鬼剣舞のかんをにぶらせないこと。1年365日、いつ公演《こうえん》があっても対応《たいおう》できるように体調を整え、体を動かすようにしています。

北上市内《きたかみしない》の大舞台《おおぶたい》でおどる鬼柳《おにやなぎ》鬼剣舞《おにけんばい》。屋内は音のひびきが屋外とちがうので気をつかいます。

保存会《ほぞんかい》の場合、8月の送り火盆供養《ぼんくよう》や地元神社の秋祭りでおどっています。

このほか、春の桜祭り、地元福祉施設《ふくししせつ》の敬《けい》老会《ろうかい》など、依頼《いらい》があればできる範囲《はんい》で対応《たいおう》しています。新型《しんがた》コロナウイルスの流行前までは、全国各地で開かれる民俗芸能祭《みんぞくげいのうさい》などにも出演《しゅつえん》していました。岩手県の民俗芸能を見てもらうため、フランス、カナダ、シンガポールなどに出かけたこともあります。

後継者《こうけいしゃ》の育成がいちばんの課題

北上市内《きたかみしない》の鬼剣舞保存会《おにけんばいほぞんかい》では、幼《おさな》いころから鬼剣舞にふれてもらうのが大事と考え、地元の保育所《ほいくしょ》で鬼剣舞を教えています。その後、小学3年生になると学校の授業《じゅぎょう》でも鬼剣舞を習い、小学校を卒業するまで毎年の運動会でおどります。そのため、保存会に入って鬼剣舞をやりたい人も一定の数いますが、問題は長つづきする人が少ないことです。

現代《げんだい》の生活スタイルは鬼剣舞が生まれたころとは大きく変わっていて、日常《にちじょう》生活が「結《ゆ》い」の精神《せいしん》や芸能《げいのう》と結びついていません。鬼剣舞の練習に毎週通うには、自分なりの目的を見つけることが必要になっています。

それでも、鬼剣舞のおもしろさに気づいて毎週通いつづけ、大きな舞台《ぶたい》でおどると、人に見てもらえる気持ちよさが大きくふくらんでいきます。そんな子どもたちをふやしていきたいと、鬼柳鬼剣舞《おにやなぎおにけんばい》保存会《ほぞんかい》はさまざまな関係団体《だんたい》と協力しながら、新しい発表の場をつくる努力をつづけています。

ボランティアの声

師匠《ししょう》・おはやしの指導責任者《しどうせきにんしゃ》
高橋春雄《たかはしはるお》さん

わたしの母の実家は鬼剣舞《おにけんばい》一家で、小さなころから近くで鬼剣舞の音が聞こえてくる環境《かんきょう》に育ちました。中学1年生のとき保存会《ほぞんかい》に入り、白面をつけておどりのリーダーも経験《けいけん》しましたが、だんだん思うようなおどりができなくなり、いまは笛を担当《たんとう》しています。

鬼剣舞はおどりがメインで、気持ちよくおどらせる笛の音がもとめられます。笛は生きものです。ふきつづけていないと、よい音を出してくれません。教わったものを受けつぎながらも、自分なりの表現《ひょうげん》に高めていきたいと思っています。

頭につける毛采《けざい》は会員が手づくりして伝承《でんしょう》していきます。

地域《ちいき》の演舞場《えんぶじょう》でおどる、少年団《しょうねんだん》の小学生たち。

11 住み続けられるまちづくりを

町なみ保存《ほぞん》ボランティア

昔の町なみを再生《さいせい》・保存《ほぞん》し、活用しながら受けつぐ

肥前浜宿水《ひぜんはましゅくみず》とまちなみの会《かい》

木、かや、土などでつくられた昔の建てものに着目し、建てられたときと同じ状態《じょうたい》に修理《しゅうり》して、古い町なみとして受けつぐ活動が全国各地で行われています。主体になるのは地域《ちいき》の住民たちで、佐賀県鹿島市《かしまし》の「肥前浜宿水《ひぜんはましゅくみず》とまちなみの会《かい》」もその一つです。再現《さいげん》された町なみには多くの人がおとずれています。

「この貴重《きちょう》な酒蔵《さかぐら》や町なみを残してほしい」

佐賀県鹿島市《かしまし》の肥前浜宿《ひぜんはましゅく》は、江戸《えど》時代から日本酒づくりがさかんでした。最盛期《さいせいき》には25軒《けん》ほどの蔵元《くらもと》がありましたが、1980年代後半には2割《わり》ほどにへっていました。そのため、通りには廃業《はいぎょう》した蔵元の酒蔵《さかぐら》がいくつも残り、さびれた様子になっていました。

この町ににぎわいをとりもどしたいと思う住民がいました。「21世紀《せいき》はまんもん（浜《はま》の者という意味）会」のメンバーです。地元を歩きまわって勉強会を重ねてきたメンバーが最後にたどりついたのが、浜宿をささえてきた日本酒とその酒蔵でした。600人を収容《しゅうよう》できる大きな酒蔵に目をつけ、1993年にコンサートを開くと、地元内外からおおぜいの人がおとずれました。そして「この貴重《きちょう》な酒蔵や町なみを残してほしい」との多くの声が集まりました。

この酒蔵コンサートをきっかけに、国の「重

団体データ

団体名称《だんたいめいしょう》	NPO法人《ほうじん》 肥前浜宿水《ひぜんはましゅくみず》とまちなみの会《かい》
設立《せつりつ》	2001年（2005年にNPO法人化）
所在地《しょざいち》	佐賀県鹿島市浜町《かしましはままち》933番地《ばんち》
電話《でんわ》	0954-69-8004
ファクス	0954-69-8022
メール	npohama@po.asunet.ne.jp
ホームページ	https://hamashuku.com

要伝統的建造物群《でんとうてきけんぞうぶつぐん》保存《ほぞん》地区」の選定を受ける活動がはじまりました。住民がつくったグループは、行政担当者《ぎょうせいたんとうしゃ》や地元の大学の研究者たちと活動をつづけながら、「肥前浜宿水《ひぜんはましゅくみず》とまちなみの会《かい》」と名前を変え、2003年3月に「肥前浜宿花と酒まつり」を開きます。それまで開いていた花見に地元の酒のPRを加えたもので、以降《いこう》、毎年盛大《せいだい》に開かれる春のイベントに成長しています。

会の名前に「水」がついているのは、町を流れる浜川《はまがわ》からです。浜川流域《りゅういき》は長年、洪水《こうずい》や高潮《たかしお》になやまされていましたが、川を改修《かいしゅう》すると町なみにも影響《えいきょう》があるため、住民の意見は分かれました。それでも最終的には住民の命をまもることが優先《ゆうせん》され、町なみの一部をけずって改修工事が進められることになりました。会では、残された浜川の自然環境《かんきょう》を大事にしていきたいと、浜川観察会を開くなどしています。

事務局長《じむきょくちょう》の中村雄一郎《なかむらゆういちろう》さんに聞きました

大学卒業後に帰郷《ききょう》し、実家の呉服《ごふく》店《てん》をつぎました。30代前半にふるさとを元気にする勉強会に参加し、地元の町なみを再生《さいせい》したいと思うようになりました。「21世紀《せいき》はまんもん会」の活動のほか、市会議員にもなって、どうすれば町を元気にできるかずっと考えてきました。いまは観光協会の会長もつとめています。念願の町なみが整備《せいび》され、これからも長いとりくみになるだろうと、古い町なみの活用策《かつようさく》に頭をひねっているところです。

重要伝統的建造物群《でんとうてきけんぞうぶつぐん》保存《ほぞん》地区

市町村が決定した伝統的建造物《でんとうてきけんぞうぶつ》群《ぐん》保存《ほぞん》地区のなかで、とくに価《か》値《ち》が高い文化財《ぶんかざい》として国（文部科学大臣）が選定する地区。伝統的な建てもの群と、建てもの群と一体化している環境《かんきょう》があわせて指定される。

蔵元《くらもと》をめぐる「鹿島酒蔵《かしまさかぐら》ツーリズム」

2006年、肥前浜宿《ひぜんはましゅく》の2つの地域《ちいき》が、重要伝統的建造物群《でんとうてきけんぞうぶつぐん》保存《ほぞん》地区に選定されます。この選定を追い風に、保存地区の建てものの整備《せいび》が進んでいきました。会は地元住民の代表として、町なみ保存の方向性《ほうこうせい》を提案《ていあん》しました。

建てものは江戸《えど》時代に建てられたものもあり、あき家も多くありました。また、いたんだかやぶきの屋根をトタン板で囲《かこ》ったり、障子戸《しょうじど》をサッシ窓《まど》に変えたりと、ほとんどがかつてのすがたとはことなっていました。そこで、保存地区内の建てもの200棟《とう》ほどが

肥前浜宿《ひぜんはましゅく》の建てもの整備《せいび》の例。左は整備前、右は整備後で、かやぶき屋根と白かべがよみがえりました。

専門家《せんもんか》の監修《かんしゅう》のもと、建築《けんちく》当時のすがたに復元修理《ふくげんしゅうり》されることになりました。

会では、町なみ整備《せいび》とあわせて、町を元気にするソフト事業も模索《もさく》してきました。そんななか、2011年にイギリスで開かれたお酒の有名な大会で、肥前浜宿《ひぜんはましゅく》でつくられた日本酒が最優秀賞《さいゆうしゅうしょう》にかがやくという快挙《かいきょ》をなしとげました。そこで、さっそく翌年《よくねん》3月に地元の6つの酒蔵《さかぐら》めぐりを楽しむ「鹿島《かしま》酒蔵ツーリズム」を企画《きかく》しました。酒蔵を開放することに消極的な蔵元《くらもと》もありましたが、「最優秀賞をとったいまやることに意味がある」と説得《せっとく》し、開催《かいさい》にこぎつけました。3月末の2日間《ふつかかん》、JRの駅と酒蔵を結ぶシャトルバスを運行すると、鹿島市《かしまし》の人口と同じくらいの観光客がおとずれ、町なみはおおぜいの人でごったがえしました。

その後、2018年にJR肥前浜駅《ひぜんはまえき》の駅舎《えきしゃ》が改修《かいしゅう》され、それまで無人駅だった駅舎内に、会の事務所《じむしょ》が置かれました。JRから切符《きっぷ》の販売業務《はんばいぎょうむ》をうけおい、乗降客《じょうこうきゃく》には予約制《よやくせい》で町なみガイドを行っています。

ボランティアの声

町なみガイド部長　池田《いけだ》 章《あきら》さん

30年ほど前にこちらに引っこしてきて、当時はサラリーマンだったのですが、PTAにかかわるようになり、浜宿《はましゅく》の歴史《れきし》や古い建てものに興味《きょうみ》をもちました。観光情報《じょうほう》をパンフレットなどから知るのではなく、現地《げんち》の人に話してもらうと質問《しつもん》もできたりして、印象《いんしょう》に残ると思います。肥前《ひぜん》浜宿の町なみガイドは7人ほどでやっていますが、自分たちの町のよいところをそれぞれのことばで伝えるようにしています。

整備《せいび》された町なみで開催《かいさい》された鹿島酒《かしまさか》蔵《ぐら》ツーリズムには、全国から観光客がおとずれました。

「21世紀《せいき》はまんもん会」ができた30年ほど前、肥前浜宿《ひぜんはましゅく》には観光客がほとんどいませんでしたが、いまでは年間25万人（コロナ禍《か》前）を数えます。これからの課題は、整備《せいび》した町なみをどのように活用していくかです。

住民が町なみを大事にすることが出発点

会には現在《げんざい》70人ほどの会員がいますが、会員はほとんどが無償《むしょう》で活動しており、会からしはらわれるのは交通費《こうつうひ》と弁当代《べんとうだい》くらいです。活動が長くなり、会員の年齢《ねんれい》は高くなってきましたが、コロナ禍《か》のなか、高齢者が苦手なオンラインでの事業を支援《しえん》する若者《わかもの》もあらわれ、会では世代交代に期待しているところです。

伝統的《でんとうてき》な町なみが将来《しょうらい》にわたって保存《ほぞん》されていくには、まずは地元の人たちがこの地区をほこりに思うことが大切です。その一環《いっかん》として、地元の小学校では1年生から町なみやそのなりたちを学び、4年生になったらじっさいに町なみガイドを体験します。これらの活動には会が全面的に協力していますが、うれしいことに町なみでカフェをオープンした卒業生もいるそうです。

地元の人たちが町なみを大事にしていると、おとずれる人にもそれが伝わります。おとずれる人がふえると町はゆたかになり、ますます町なみが活気づきます。肥前浜宿の町なみでは、このサイクルが回りはじめています。

JR肥前浜駅前《ひぜんはまえきまえ》には広場がつくられ、改修《かいしゅう》された駅舎《えきしゃ》は観光案内所にもなっています。

ボランティアの声

賑《にぎわ》いODORIKO《おどりこ》ハマガール
中島幸代《なかしまさちよ》さん

ハマガールは、20～40代の女性《じょせい》十数人のグループです。最初は地元の氏神《うじがみ》さまへの奉納《ほうのう》おどり子として、地区内の女性たちで結成されましたが、最近では肥前浜宿《ひぜんはましゅく》や福祉施設《ふくししせつ》、そしてJR博多駅《はかたえき》や佐賀駅のイベントへも出演《しゅつえん》するようになりました。全員が浜宿を元気にしたい、自分たちも楽しみたいと、「いつも心に浜がある（ハマガール）」の気持ちで活動し、みなさんに喜《よろこ》んでいただいています。

第3章

災害《さいがい》にそなえる

多発する災害《さいがい》

残念なことですが、世界のなかでも日本は「地《じ》震《しん》大国」といわれています。世界で発生しているマグニチュード 6 以上の地震の約 20 パーセント、つまり 5 回に 1 回は日本で起きています。地震のあと発生する津波《つなみ》はそのまま「tsunami」ということばで海外でも通じますが、これは西欧諸国《せいおうしょこく》では津波が少なくて、現地《げんち》のことばがなかったからです。

1995 年には阪神《はんしん》・淡路大震災《あわじだいしんさい》、2011 年には東日本大震災が起こり、今後もいつどこで巨大《きょだい》地震が発生してもおかしくないといわれています。また地震以外にも、近年は各地で豪雨《ごうう》が発生し、洪水《こうずい》や土《ど》砂《しゃ》くずれが多発するようになりました。

防災《ぼうさい》や減災《げんさい》の活動が学校や地域《ちいき》、職域《しょくいき》などさまざまなところで行われています。防災・減災の活動でも、災害後《さいがいご》の復興《ふっこう》活動でも、多くのボランティアが活躍《かつやく》しています。

「震災《しんさい》がつなぐ全国ネットワーク（震《しん》つな）」が行っている、被災者《ひさいしゃ》の声や被災地《ひさいち》から学ぶ学習会の様子。貴重《きちょう》な体験を防災《ぼうさい》に生かします。　ⒸⒸ認定 NPO 法人 レスキューストックヤード

災害緊急支援《さいがいきんきゅうしえん》ボランティア

被災地《ひさいち》への緊急支援《きんきゅうしえん》を顔の見えるつながりで行う

OPEN JAPAN《オープンジャパン》

災害《さいがい》の復旧《ふっきゅう》活動は、被災地《ひさいち》の人たちだけではできません。現地《げんち》の行政《ぎょうせい》や社会福祉《ふくし》協議会などの組織《そしき》を中心に、全国からかけつけた個人《こじん》や団体《だんたい》、企業《きぎょう》などがボランティアとして協力し、必要とされる支援《しえん》を行うことで、少しずつ復旧の方向へと動いていきます。OPEN JAPAN《オープンジャパン》は個人や組織による横のつながりを全国にもつボランティア団体として、被災者といっしょに災害支援を行っています。

一つ屋根の下での活動が原点

OPEN JAPAN《オープンジャパン》の活動の原点は、1995年の阪神《はんしん》・淡路大震災《あわじだいしんさい》のときに生まれた支援団体《しえんだんたい》「神戸元気村《こうべげんきむら》」です。2011年の東日本大震災直後に、その仲間たちが宮城県石巻市《いしのまきし》に結集し、そこで出会った2人が「ボランティア支援《しえん》ベース絆《きずな》」を立ちあげました。

支援活動の拠点《きょてん》（ベース）として石巻市内の集会所を借りあげ、一つ屋根の下で食事やねとまりをともにしながら、朝になるとそれぞれの活動現《げん》場《ば》に出むきました。夕方、ベースにもどってくると、その日の活動内容《ないよう》やこまっていることなどを報告《ほうこく》しあい、それをときには被災者《ひさいしゃ》をふくむ人たちみんなで共有し、解決《かいけつ》のためのアイディアを出しあう。これをくりかえしたのです。そこではおたがいの泣いた顔、おこった顔、こまった顔、笑った顔など、さまざまな顔が見られ、「明日《あす》のくらしを少しでもよくしていきたい」という思いで、さまざまなところから集まってきた人たちが真剣《しんけん》に向きあうすがたがありました。

団体《だんたい》データ

団体名称《だんたいめいしょう》	一般社団法人《いっぱんしゃだんほうじん》 OPEN JAPAN《オープンジャパン》
設立《せつりつ》	2012年
所在地《しょざいち》	宮城県石巻市駅前北通《いしのまきしえきまえきたどお》り 1-5-23
電話《でんわ》	0225-92-7820
ファクス	0225-92-7820
メール	info@openjapan.net
ホームページ	http://openjapan.net

その後、東日本大震災からまる1年がたった2012年3月を機に、OPEN JAPANとして再出発《さいしゅっぱつ》しました。この名前は「開け！　ニッポン」という意味で、日本を切りひらいていくという願いがこめられています。

長期滞在《たいざい》して、いまここに必要な支援《しえん》を行う

日本各地には多くの災害復旧支援《さいがいふっきゅうしえん》のボランティア団体《だんたい》がありますが、OPEN JAPAN《オープン ジャパン》の特徴《とくちょう》は、現地《げんば》に自分たちの活動拠点《きょてん》をもうけたうえで、ボランティアの仲間たち（個人《こじん》や組織《そしき》）が必要におうじてプロジェクトを組みながら、滞在型《たいざいがた》の支援を行っていることです。

たとえば、災害《さいがい》が起こると、1日〜2日のうちにOPEN JAPANのスタッフが被災地《ひさいち》に向かいます。1つの災害の被災地はふつう1か所ではありません。大事なのは、どの被災地に向かうかということです。OPEN JAPANの場合は、ボランティアが集まりにくそうなところ、交通の便の悪いところ、高齢者《こうれいしゃ》の多いところ、地域《ちいき》のもともとのつながりが弱そうなところなどに出むくようにしているといいます。

被災地に着いたスタッフは、地元の行政《ぎょうせい》や社会福祉《ふくし》協議会などの担当《たんとう》者《しゃ》から、被災状況《じょうきょう》や必要とされる支援内容《ないよう》を聞きとります。現地の人たちも突然《とつぜん》の災害で何をしてよいかわからないことがあり、そんなときは応急的《おうきゅうてき》な対応《たいおう》をいっしょに考えたり、災害ボランティアセンターの開設《かいせつ》や運営《うんえい》などを手伝《てつだ》います。また、復興《ふっこう》活動を公的な費用《ひよう》で行うのか、被災者個人の費用で行うのかによっても支援のしかたが変わるので、国の災害支援制度《せいど》を利用するかどうかなど、いくつもの方法を組みあわせるコーディネート力がもとめられます。

副代表の肥田《ひだ》 浩《ひろし》さんに聞きました

東北出身、3月11日が誕生日《たんじょうび》ということもあり、東日本大震災《だいしんさい》のあと愛知県から宮城県に行きました。3日間の予定だったボランティアが、気がついたらOPEN JAPAN《オープン ジャパン》に加わっていて、被災地《ひさいち》から被災地へとうつっていく「住所不定の車中泊《しゃちゅうはく》生活」がつづいています。災害《さいがい》ボランティア活動には不思議な力があり、自分たちがだれかに助けられると、こんどはそれをだれかにしてあげたくなる人が多いです。「過去《かこ》から未来への恩送《おんおく》り」とでもいうのでしょうか。

必要におうじて、災害《さいがい》ボランティアセンターの会合にOPEN JAPAN《オープン ジャパン》のスタッフが参加します。

団体《だんたい》スタッフの声

手代千賀《てしろちか》さん

2014年8月豪雨《ごうう》による、広島土砂災害《どしゃさいがい》の被災地《ひさいち》に出かけたのが、はじめてのボランティアでした。それまでは「ボランティア＝体を使う肉体労働」と思っていたのですが、被災地に「人」のくらしがあったことを知り、心が大きくゆさぶられました。OPEN《オープン》 JAPAN《ジャパン》のスタッフになって４年めですが、いろいろな人の生きかたに出会い、刺激的《しげきてき》すぎる毎日をすごしています。この経験《けいけん》を自分だけのもので終わらせないようにしたいと思っています。

同時に、災害現場《さいがいげんば》を見て歩きます。道路や庭での土砂《どしゃ》の撤去《てっきょ》が必要なら、工事に使うような重機を運びいれ、資格《しかく》をもつ人が操作《そうさ》します。どろ水などでよごれてしまった家を再《さい》建《けん》するときは、OPEN《オープン》 JAPAN《ジャパン》がかべをはがすまでの作業をしたうえで、大工さんに引きわたします。

OPEN JAPANはさまざまな専門技術《せんもんぎじゅつ》をもっているボランティアと連携《れんけい》して活動していますが、直接《ちょくせつ》声をかけることはしないそうです。声をかけると、そこに行けない場合に返事がしづらいという、ボランティアならではの気持ちを察しているからです。代わりに、被災《ひさい》地《ち》の写真をSNSにアップします。経験豊富《けいけんほうふ》なボランティアは、その写真を見れば必要とされる支援《しえん》が想像《そうぞう》できます。能力《のうりょく》や時間的な問題をふまえ、参加できそうだと思ったときに、OPEN JAPANに参加の意思表示《ひょうじ》をします。

美容師《びようし》や調理師《ちょうりし》などの資格をもつ人が行う、被災者の生活をささえる活動もあります。被災地では時間の経過《けいか》とともに必要となる支援が変わり、特別な技術をもっていなくてもできる活動もたくさんあります。生活が落ちついてくると、被災者のそばでじっくりと話を聞く人がもとめ

土砂《どしゃ》くずれの現場《げんば》では、各地からかけつけたボランティアが重機を使って、住宅《じゅうたく》におしよせた土砂をとりのぞきます。

られます。ときには心が晴れる楽しいイベントも必要です。OPEN JAPANは地元の人たちといっしょに、水害被災地で解体《かいたい》される家に子どもたちが絵をかくイベントを行いました。被災した子どもたちが思いきり好きな絵をかいて、大成功だったといいます。

制度《せいど》と災害支援団体《さいがいしえんだんたい》が手をとりあう

OPEN JAPAN《オープン ジャパン》の活動は、全国各地の支援《しえん》者《しゃ》（個人《こじん》や企業《きぎょう》など）からの寄付金《きふきん》でささえられています。寄付は毎月定額制《ていがくせい》または個別《こべつ》になど、さまざまなかたちでできます。被災地《ひさいち》にかけつけるだけでなく、活動に必要な資金《しきん》や物品の寄付という援助《えんじょ》の方法もあるのです。

寄付金の使い道は、スタッフが被災地で活動するための燃料代《ねんりょうだい》や機械のリース代がいちばん多くなっています。ただ、団体《だんたい》に属《ぞく》してはたらくスタッフへの給料はじゅうぶんにしはらえていないのが現状《げんじょう》で、現地《げんち》にかけつけるボランティアの移動費《いどうひ》などは個人負担《ふたん》が原則《げんそく》です。

OPEN JAPANが発足して10年あまり。たくさんの支援者や活動参加者にめぐまれていますが、副代表の肥田浩《ひだひろし》さんは「ボランティアの限《げん》界《かい》を感じている」といいます。最近の自然災害《さいがい》は規模《きぼ》が大きくなり、かつひんぱんに起こっているので、法制《ほうせい》度《ど》やしくみの見なおしが必要です。制度と災害支援団体《だんたい》がどのように手をとりあえるのかが大きな課題になっています。

災害が起こると、それまでおさえられていた社会のフタがとれて、弱い部分があらわになります。「その先の笑《え》顔《がお》のために」を合いことばに、OPEN JAPANの活動はこれからもつづいていきます。

団体《だんたい》スタッフの声

川島莉生《かわしまりき》さん

親が東日本大震災《だいしんさい》で被災《ひさい》した福島県の子どもたちを徳島県に招待《しょうたい》し、中学生だった自分もいっしょに遊んだことがあって、2012年以降《いこう》、東日本大震災の被災者支援《ひさいしゃしえん》にかかわっています。サッカーが好きでドイツに留学《りゅうがく》していたのですが、コロナ禍《か》で2020年春に帰国し、OPEN JAPAN《オープン ジャパン》のスタッフになりました。被災地では力仕事のほか、お年よりや子どもたちの話し相手もしています。自分のような若《わか》い者にもできるボランティアがあることを伝えたいです。

避難所《ひなんじょ》では、よく子どもたちに絵本の読みきかせをします。

地域防災《ちいきぼうさい》ボランティア

日ごろから災害《さいがい》への準備《じゅんび》をして防災《ぼうさい》・減災《げんさい》につなげる

レスキューストックヤード

日ごろから災害《さいがい》にそなえることは、いまや常識《じょうしき》になっています。レスキューストックヤードは、人材・物資《ぶっし》・資金《しきん》、必要な知識《ちしき》や技術《ぎじゅつ》をたくわえ、関係者のネットワークづくりも行うなどして、災害のときにこれらの資源《しげん》を活用できるよう準備《じゅんび》しています。そのうえで、民間の非営利団体《ひえいりだんたい》として行政《ぎょうせい》と連携《れんけい》し、被災者一人一人《ひさいしゃひとり》の生活によりそいます。

災害《さいがい》にそなえてつねに準備《じゅんび》しておく

日本の災害支援《さいがいしえん》ボランティアの多くは、1995年1月に起こった阪神《はんしん》・淡路大震災《あわじだいしんさい》にルーツをもちますが、レスキューストックヤードも同じです。栗田暢之《くりたのぶゆき》さんは、当時つとめていた名古屋市内《なごやしない》の大学の学生たちといっしょに、被災《ひさい》した神戸《こうべ》に出むき、のべ1500人の学生たちと被災地のあいだを調整しながら、被災者支援にあたりました。同年7月に東海地方の仲間たちと「震災《しんさい》から学《まな》ぶボランティアネットの会《かい》」をつくり、その後も阪神地区と東海地区をつないで、さまざまな活動を行ってきました。

神戸の被災地では、避難所《ひなんじょ》や仮設住宅《かせつじゅうたく》での不自由な生活を目《ま》の当《あ》たりにします。はじめて顔を合わせる人とコミュニケーションがとれず、孤独死《こどくし》やアルコール依存症《いぞんしょう》にいたる人がいるというきびしい現実《げんじつ》に直面する学生もいました。そんな被災地での活動を名古屋にもどって大学で報告《ほうこく》したり、名古屋に神戸の人たちをよんで防災《ぼうさい》のシンポジウムを開いた

団体《だんたい》データ

団体名称《だんたいめいしょう》	認定《にんてい》NPO法人《ほうじん》レスキューストックヤード
設立《せつりつ》	2002年（同時にNPO法人化）
所在地《しょざいち》	愛知県名古屋市東区泉《なごやしひがしくいずみ》1-13-34 名建協《めいけんきょう》2階《かい》
電話《でんわ》	052-253-7550
ファクス	052-253-7552
メール	info@rsy-nagoya.com
ホームページ	https://rsy-nagoya.com

り、神戸の震災のがれきでオブジェをつくって展示《てんじ》したりするいっぽうで、東海地方に避《ひ》難《なん》した阪神地方の人たちともつながっていきました。

そうした活動をつづけていた2000年9月、名古屋市と周辺地域《ちいき》で東海豪雨《ごうう》による大規模《だいきぼ》な水害が起こり、栗田さんたちははじめて被災者になりました。体の不自由な人がいかに避難に時間がかかるか、地域の人たち一人《ひとり》一人のそばにだれかがいることがいかに大事であるか、などを知ったといいます。

この経験《けいけん》をへて、「震災から学ぶボランティアネットの会」を、2002年にレスキューストックヤードとしました。団体《だんたい》の名前は、レスキュー（救援《きゅうえん》）＋ストック（たくわえる）＋ヤード（場所）をつないだもので、いつ起こるかわからない災害にそなえて、つねに人や物資《ぶっし》やお金などを用意しておくことが大事、という災害支援の考えかたにもとづいたものです。

常務理事《じょうむりじ》の浦野《うらの》 愛《あい》さんに聞きました

介護職員《かいごしょくいん》としてはたらいていましたが、2000年の東海豪雨《ごうう》で福祉《ふくし》と防災《ぼうさい》の深い関係を目《ま》の当たりにし、レスキューストックヤードの立ちあげからかかわりました。支援《しえん》にあたっては被災者《ひさいしゃ》の「生きる力」を信じて、さまざまなボランティアがかかわることを大切にしています。食の力も大きいですね。あたたかくて栄養のあるものをいっしょに食べることで、いろいろな情報《じょうほう》がしぜんと耳に入ってきます。そして、地元の人たちが自分たちにできることを考えて動きだしたら、一段《いちだん》落《らく》だと思います。

日ごろの活動があるから、災害時《さいがいじ》の支援《しえん》ができる

レスキューストックヤードの活動は、大きく分けると「災害時《さいがいじ》の被災《ひさい》者《しゃ》への支援《しえん》活動」と「日ごろからの防災《ぼうさい》・減災《げんさい》活動」の二つです。

「災害時の被災者への支援活動」は、できるだけ早く被災地をたずね、被災した人のそばに長くよりそうことが基本《きほん》です。レスキューストックヤードは過去《かこ》26年の経験《けいけん》をもとに、被災者のこまりごとを聞いて、できることを考え、さまざまな支援プログラムにとりくんでいます。どの被災地も災害にあうのは、はじめてのことが多く、被災経験のある自治体からの派遣職員《はけんしょくいん》や、ボランティア団体《だんたい》のスタッフの支援は大きな力

みなし仮設住宅《かせつじゅうたく》（自治体が被災者《ひさいしゃ》のために借りた住宅）を訪問《ほうもん》するボランティア。こまっていることがないか、ていねいに聞きとります。

になります。

避難《ひなん》生活で大事なのは「トイレ、ねるところ、食事、衛生環境《えいせいかんきょう》」なのでまずはこれらを整えます。また、企業《きぎょう》が無償《むしょう》で提供《ていきょう》する支援物資《しえんぶっし》を1人分《ひとりぶん》ずつパック化して、被災地《ひさいち》にとどけられるように準備《じゅんび》しておいたものを、名古屋《なごや》の本部から送ってもらったりします。

被災地をはなれた「日ごろからの防災《ぼうさい》・減《げん》災《さい》活動」では、災害《さいがい》ボランティアコーディネーター養成講座《こうざ》を2002年から開いています。ボランティアを調整し支援を進める方法、日《にち》常《じょう》の防災活動を教えるほか、災害時に災害ボランティアセンターを設置《せっち》・運営《うんえい》する訓練なども行います。また、地元行政《ぎょうせい》や地域《ちいき》の人たちといっしょに、災害時に1人《ひとり》ではにげることがむずかしい人を地域で把握《はあく》し、個別《こべつ》の支援計画をつくったり、避難誘導《ゆうどう》訓練をサポートする活動もしています。

このほか、いざというときに全国の団体《だんたい》や個人がネットワークを生かして活動できるような組織《そしき》をつくりました。一つは阪神《はんしん》・淡路大震災《あわじだいしんさい》をきっかけに1997年にできた「震災《しんさい》がつなぐ全国《ぜんこく》ネットワーク（震《しん》つな）」で、2022年1月現在《げんざい》で42団体と34個人が加盟《かめい》しています。レスキュー

ボランティアの声

看護師《かんごし》　加藤《かとう》 都《みやこ》さん

定年退職《たいしょく》で医療《いりょう》の現場《げんば》をはなれたあと、東南海地震《じしん》が起こったときにこまらないよう、ボランティアで被災地《ひさいち》に行っています。交通費《こうつうひ》と滞在費《たいざいひ》はレスキューストックヤードに出してもらいますが、とまるのは避難所《ひなんじょ》。いろいろ話をしてくれた被災者《ひさいしゃ》の人が「ああ、むねのつかえがとれてすっきりした！」とおっしゃることが多いです。声をかけるときは「最近どうですか」ではなく、「何かこまっていることはありませんか」と具体的にたずねるようにしています。

災害《さいがい》ボランティアセンターのもとめにおうじて、本部に保管《ほかん》している一輪車（手おし車）などを提供《ていきょう》します。

ストックヤード事務所内《じむしょない》に事務局があり、災害が起こったときは思いを同じくする人たちが被災者《ひさいしゃ》支援を行います。さらに、民間のボランティア団体の支援を行政の動きと連動させる組織として「全国災害《ぜんこくさいがい》ボランティア支援団《しえんだん》体《たい》ネットワーク(JVOAD《ジェイヴォアッド》)」があります。代表理事をレスキューストックヤードを立ちあげた栗田《くりた》さんがつとめ、災害時にはさまざまな動きを調整し、よりよい支援を生みだします。

ボランティアの声

災害《さいがい》ボランティアコーディネーター
椿《つばき》 佳代《かよ》さん

災害《さいがい》ボランティアコーディネーターとして、被災地《ひさいち》での活動と学びをくりかえし、防災講《ぼうさいこう》座《ざ》の講師《こうし》をしています。外国人への防災支援《しえん》や、男女がともにとりくむ防災活動などにもかかわっていますが、防災講座でいちど聞いただけではだめですね。非常《ひじょう》もちだしぶくろなど準備《じゅんび》していても、すぐにどこかにいってしまいます。つづけてとりくむことが大事です。そのため、これからも息長く伝えつづけていきたいと思っています。

民間の非営利団体《ひえいりだんたい》だからできる活動がある

被災地《ひさいち》で支援《しえん》活動を行う民間ボランティアの非営利団体《ひえいりだんたい》はまだ多くありません。それだけ、非営利団体が被災地支援を行うのはむずかしいのです。レスキューストックヤードでは全国の企業《きぎょう》や個人《こじん》に、寄付金《きふきん》やさまざまな支援物《ぶっ》資《し》の提供《ていきょう》をお願いし、災害《さいがい》支援に活用しています。

民間の団体には、決断《けつだん》が短時間でできて、一人《ひとり》一人にていねいにかかわれるなど、公的な団体とはことなる利点があります。また、専門知識《せんもんちしき》や技能《ぎのう》をもっている個人にとっては、支援の状況《じょうきょう》を把握《はあく》している団体といっしょに活動するほうが効果的《こうかてき》です。レスキューストックヤードでは、日ごろから建築士《けんちくし》(大工ふくむ)、看護師《かんごし》、介護《かいご》福祉士《ふくしし》、弁護士《べんごし》などの専門家《せんもんか》ともつながりがありますが、最近は風水害が多くなり、屋根の雨もりを改修《かいしゅう》できる人材が不足しているそうです。

被災者の救助《きゅうじょ》は、あくまで市町村などの自治体または都道府県が実施《じっし》主体です。しかし、大きな災害が起こるとそれだけでは限界《げんかい》があります。被災者や地元の人たちが復興《ふっこう》に向けて動きだすことによりそうのが、レスキューストックヤードなど被災者支援ボランティアの役割《やくわり》といえるでしょう。

在宅《ざいたく》で避難《ひなん》している人が避難所《ひなんじょ》をおとずれたときには、どんな生活支援《しえん》が必要か実態調査《じったいちょうさ》をします。

11 住み続けられるまちづくりを

13 気候変動に具体的な対策を

防災《ぼうさい》教育ボランティア

防災《ぼうさい》の知識《ちしき》や技術《ぎじゅつ》を楽しく遊びながら身につける

プラス・アーツ

地震《じしん》、津波《つなみ》、風水害、火災《かさい》など、わたしたちはいつどこでどんな災害《さいがい》にあうかわかりません。日ごろから防災《ぼうさい》・減災《げんさい》について正しい知識《ちしき》や技術《ぎじゅつ》を身につけておくと、被災《ひさい》しても冷静に行動しやすくなるはずです。プラス・アーツは、自治体や学校、企業《きぎょう》などから依頼《いらい》を受け、だれもが楽しく学べる防災プログラムをいっしょに考え、それを必要とする世界中に広めようと活動しています。

大災害《だいさいがい》の教訓を受けつごう

1995年に起きた阪神《はんしん》・淡路大震災《あわじだいしんさい》は、6000人をこえる死者、60万棟《むね》をこえる住宅被害《じゅうたくひがい》をもたらしました。全国から多くのボランティアがかけつけ、この年は日本における「ボランティア元年」といわれています。

その10年後の2005年、神戸市内《こうべしない》で「震災《しんさい》10年　神戸からの発信」事業として、子どもたちに人気の「かえっこバザール」を行う案が出されました。使わなくなったおもちゃをもちよって交換《こうかん》する、リサイクル意識《いしき》も高めるイベントとして、福岡ではじまり全国各地で行われていたものです。

その案に対して、もっと震災10年ならではのイベントをしたいと考えた人がいました。まちづくりや子どもたちのアートイベントを手がけていた永田宏和《ながたひろかず》さんです。永田さんは10年前に被災《ひさい》した170人ほどの声をインタビューやアンケートで集めました。すると「夜に使う電灯は手でもつタイプではなく、両手が使えるヘッドランプ型《がた》が便利」「かた

団体《だんたい》データ

団体名称《だんたいめいしょう》	NPO法人《ほうじん》プラス・アーツ
設立《せつりつ》	2006年（同時にNPO法人化）
所在地《しょざいち》	兵庫県神戸《こうべ》市《し》中央《ちゅうおう》区《く》小野《おの》浜町《はまちょう》1-4 デザイン・クリエイティブセンター神戸《こうべ》307
電話《でんわ》	078-335-1335
ファクス	078-335-1339
ホームページ	http://plus-arts.net

づけに使う手ぶくろは布製《ぬのせい》の軍手ではなく、工事現場《げんば》などで使う革《かわ》手ぶくろのほうが安全」などの貴重《きちょう》な経験談《けいけんだん》が集まりました。永田さんはこれらの知識《ちしき》をゲームやクイズなどにして、かえっこバザールに来た子どもたちとその家族に伝えることを思いつきました。

イベント会場ではまず、子どもたちのもってきたおもちゃを受付窓口《まどぐち》でカエルポイントと交換します。そのあと、会場で防災《ぼうさい》をテーマとした楽しい体験やゲーム・クイズなどに参加することで、カエルポイントがどんどんたまります。最後に賞品《しょうひん》のおもちゃのオークションがあり、カエルポイントで手に入れるという流れです。神戸市内でチラシを大量に配ったこともあり、イベントは大成功。子どもと保護者《ほごしゃ》をふくめて約1万人が集まりました。

永田さんはかえっこバザールをとりいれたこの防災訓練イベントを「イザ！カエルキャラバン！」と名づけ、その後も市内数か所で行いましたが、早い時期に「この防災イベントは神戸だけでなく、全国各地でももとめられている」と確信《かくしん》していました。そこで翌《よく》2006年、全国展開《てんかい》を視野《しや》に入れ、手伝《てつだ》ってくれていた大学生2人《ふたり》とともに3人で「プラス・アーツ」を立ちあげました。

理事長の永田宏和《ながたひろかず》さんに聞きました

もともと建築《けんちく》やまちづくりが専門《せんもん》で、子どもたち向けのアートイベントなども企画《きかく》していたことから、「かえっこバザール」を考えだした美術家《びじゅつか》の藤浩志《ふじひろし》さん（現在《げんざい》、プラス・アーツ副理事長）とも知りあいでした。これに防災《ぼうさい》を加えることを思いついたことで、いまのプラス・アーツがあります。団体《だんたい》をつくったころにくらべると、いまは「防災」が国民の大きな関心事になっていて、各地に防災の専門家《せんもんか》がふえているのはうれしいですね。

カエルキャラバンは日本全国、それから世界へ

全国展開《てんかい》は大手ガス会社の協力を得《え》て道が開け、2011年の東日本大震災《だいしんさい》のあとにいっきに広がりました。カエルキャラバンは、2020年までに日本全国37の都道府県で600回近く開かれ、海外21の国でも実《じっ》施《し》されています。

これほどまでに広がっているのは、遊び

「イザ！カエルキャラバン！」の防災《ぼうさい》体験。カエル人形を運ぶため、毛布《もうふ》でたんかをつくります。

を通して楽しく防災《ぼうさい》を学べるからです。防災訓練でよく行われる消火器の的あては、水を入れた消火器から放水してカエルの的を引っくりかえすゲームになっています。身近にある毛布《もうふ》のはしをくるくる丸めてたんかをつくり、それにのせて運ぶのはカエル人形。さらに、家具などの下じきになっている人を助けるジャッキアップ体験も、家具はナマズ人形、救出《きゅうしゅつ》するのはカエル人形で、子どもたちが楽しく体験できるようになっています。

さらに、イベントごとに内容《ないよう》をくふうできるのが、カエルキャラバンのいちばんの魅力《みりょく》です。人形もカエルではなく、小鹿、ヤモリ、さらにはその土地のゆるキャラ、マスコットなど、その地域《ちいき》の参加者の心をつかむものに変えることができます。イベントの対象《たいしょう》によっては、おもちゃにかぎらず家のなかの不要品をもってくるかたちにしてもかまいません。

プラス・アーツはカエルキャラバンのほかにも、防災関連のマニュアルづくりや各種講座《こうざ》、ワークショップ、キャンプ、スポーツ、工作、ミュー

協力ボランティアの声

「ひらのBOSAIキャラバンin《イン》附属平野《ふぞくひらの》」会長

和田朋久《わだともひさ》さん

大阪市平野区《ひらのく》にある大阪教育大学附属平野《ふぞくひらの》5校（幼《よう》小中高校・特別支援《しえん》学校）が、地域《ちいき》や大学といっしょに行うカエルキャラバンに長年かかわってきました。おもちゃをもって遊びに来ていた子が、中学生になると防災《ぼうさい》ブースを手伝《てつだ》い、高校生になると新しい防災プログラムを考えるなど、少しずつかかわりかたが深くなっていきます。新しい防災プログラムでまちがった内容《ないよう》を伝えることがないよう、企画《きかく》の段階《だんかい》でプラス・アーツに相談します。このフォローはとてもありがたいです。

「イザ！カエルキャラバン！」を、地下鉄を運営《うんえい》する東京メトロの車両工場でも行いました。

ジアムなど、「防災を楽しく」を合いことばにさまざまな活動を行っています。自治体や企《き》業《ぎょう》など、さまざまなところから相談を受け、そうした団体《だんたい》といっしょに新しい防災プログラムを考えることもあります。いずれも手間に見あった費用《ひよう》がプラス・アーツにしはらわれ、それらが職員《しょくいん》の人件費《じんけんひ》などにあてられています。このほかに、プラス・アーツに登録しているサポートスタッフたちが、ボランティアとしてプラス・アーツ全体の活動をささえています。

協力ボランティアの声

東三河防災《ひがしみかわぼうさい》クラブ　岡田恵実《おかだえみ》さん

愛知県豊橋市《とよはしし》で、防災啓発《ぼうさいけいはつ》活動を行うボランティア活動をしています。「イザ！カエルキャラバン！」は楽しみながら防災知識《ちしき》を身につけられること、地《ち》域《いき》の人と協働して顔の見える関係をつくれることが魅力《みりょく》です。地域に合った内容《ないよう》に変えられるなど自由度も高く、プラス・アーツさんといっしょに人数制《せい》限《げん》などの感染症対策《かんせんしょうたいさく》をした「with《ウィズ》 コロナバージョンの豊橋モデル」をつくりました。これからも豊橋ならではの活動をしていきたいです。

防災《ぼうさい》を伝える人を育てたい

防災《ぼうさい》の技術《ぎじゅつ》や知識《ちしき》を多くの人に広めていくには、それを伝える講師《こうし》やインストラクターの育成が欠かせません。プラス・アーツも、防災教育のにない手の育成をいちばんの課題としています。

たとえば埼玉県では、すでに4年間で700人以上の県民講師が育ちました。企業《きぎょう》でも社内に防災プロジェクトを立ちあげてもらい、社員を防災ボランティアとして育てるための手伝《てつだ》いをしています。

順調に成長をつづけてきたプラス・アーツですが、コロナ禍《か》の影響《えいきょう》で、それまで年70回ていど実施《じっし》していた防災教育が年10回ほどにへりました。それだけ、防災専門家《せんもんか》やインストラクターの活躍《かつやく》の場が失われていることになります。そのいっぽうで、地球温暖化《おんだんか》によって風水害は今後ますますふえると予想され、防災の仕事に興味《きょうみ》をもつ若者《わかもの》もふえています。永田《ながた》さんたちはこれからもいそがしい毎日を送ることになりそうです。

埼玉県と協力して防災《ぼうさい》の県民講師《こうし》を育て、日常《にちじょう》生活のなかで防災の意識《いしき》をもつ「イツモ防災」を広めています。

解説《かいせつ》

地域《ちいき》社会・災害《さいがい》とボランティア

ボランティアをより深く知るために、
地域《ちいき》社会や災害《さいがい》の課題にとりくむ
ボランティアの特徴《とくちょう》を見ていきましょう。

1. 災害対応《さいがいたいおう》の「緊急性《きんきゅうせい》」「継続性《けいぞくせい》」と地域《ちいき》社会
2. 災害対応ネットワークの進化
3. 災害ボランティアの新たな動き

1. 災害対応《さいがいたいおう》の「緊急性《きんきゅうせい》」「継続性《けいぞくせい》」と地域《ちいき》社会

災害《さいがい》の三つの段階《だんかい》

古くから災害大国といわれる日本では、地震《じしん》、津波《つなみ》、台風、集中豪雨《ごうう》、火山噴火《ふんか》など、多くの種類の災害が起こってきました。どの災害でも、災害対応《たいおう》は、大きく三つの段階《だんかい》に分かれるといわれます。災害救援《きゅうえん》活動はこの三つの段階の変化を見きわめながら進められます。

発生段階（災害発生後おおむね 72 時間以内）　自宅に被害《ひがい》を受けた住民が指定避難所《ひなんじょ》や学校など公共の場所に避難します。自力で避難できない高《こう》齢者《れいしゃ》や障《しょう》がい者、あるいは生きうめや閉《と》じこめによってにげられない人の救助《きゅうじょ》を急ぐ必要があります。

応急段階《おうきゅうだんかい》（災害発生後おおむね３日～１週間）　避難生活が数日つづき、さまざまな課題が生じます。

復旧段階《ふっきゅうだんかい》（災害発生後おおむね１週間～１か月）　避難所がだんだん整理されていき、被災者《ひさいしゃ》は仮設住宅《かせつじゅうたく》などにうつっていきます。被災者にとっては、今後の生活をどうしていくかという問題が表に出てくる時期です。

災害ボランティアの活動がおもに行われるのは、二つめの応急段階からです。ここにできるだけ早く対応《たいおう》するため、災害ボランティアには災害発生にすぐに反応《はんのう》する緊急性《きんきゅうせい》がもとめられます。いっぽうで、災害の影響《えいきょう》は復旧段階のさらに後までつづきます。災害ボランティアには、長期にわたって被災者を見まもる継続性《けいぞくせい》も必要です。

ふだんのつながりが力になる

災害《さいがい》の発生段階《だんかい》には、行政《ぎょうせい》や災害ボランティアによる救援《きゅうえん》がとどきにくいといわれます。その期間をもちこたえるには、同じ地域《ちいき》にくらす人どうしの協力が欠かせません。日ごろからの地域社会のつながりは、つづく応急《おうきゅう》段階や復旧《ふっきゅう》段階でも大きな力を発揮《はっき》します。

2012 年の九州北部豪雨《ごうう》で被害《ひがい》を受けた、福岡県内のある地域の復旧についての検証報告《けんしょうほうこく》を例にとってみましょう。水害により多くの被害を受けた農地には行政からの支援《しえん》がありました。しかし、人手や補助金《ほじょきん》の手配には少々時間がかかりましたし、被害のていどによっては行政の支援の対象《たいしょう》にならない農地もありました。

このとき、めだって復旧が早かったのが、ふだんから農家とボランティア団体《だんたい》の協力関係があった地域です。ボランティアは外部の存在《そんざい》ではありますが、棚田《たなだ》の保全《ほぜん》や合宿ボランティアによる都市・農村交流活動を通じて、いつもそばにいて活動している「ご近所さん」でした。活動によって、道具や装備《そうび》、地域の施設《しせつ》について、また人材についての情報《じょうほう》も共有していました。そのため、災害が起こったときの連携《れんけい》もスムーズに行われました。

地域にボランティアが入って活動することによって、地域の人とボランティアのあいだだけでなく、行政とボランティアとのやりとりや、地域の人どうしの交流など、さまざまなつながりが生まれます。

地域で生活するわたしたちも、まずは近くの人とあいさつをかわし、顔見知りの関係をたもつことが大切です。もう一歩進んで、おたがいの人がらや得意《とくい》分野を知り、力を借りられる関係ができれば、より地域の力は強くなります。地域社会で行われるボランティア活動は、地域の人どうしがそのような関係をつくる機会にもなるのです。

阪神《はんしん》・淡路大震災《あわじだいしんさい》で生きうめや閉《と》じこめられたときの救出《きゅうしゅつ》主体

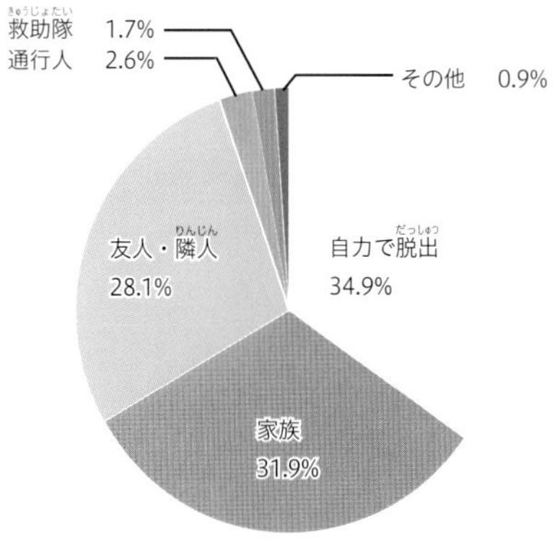

日本火災学会《にほんかさいがっかい》（1996）「1995 年兵庫県南部地震《じしん》における火災に関する調査報告書《ちょうさほうこくしょ》」による。

阪神《はんしん》・淡路大震災《あわじだいしんさい》で生きうめや閉《と》じこめにあった人は、ほとんどが身近な人に助けだされています。

2. 災害対応《さいがいたいおう》ネットワークの進化

2014年8月、広島土砂災害《どしゃさいがい》のときに設置《せっち》された災害ボランティアセンターの様子。ボランティアを希望する人が長い列をつくりました。 ⓒ朝日新聞社

災害《さいがい》ボランティアセンターの役割《やくわり》

阪神《はんしん》・淡路大震災《あわじだいしんさい》が起こった1995年は、ボランティア元年とよばれます。全国各地からのべ167万人ものボランティアが被災地《ひさいち》にかけつけた現象《げんしょう》は、過去《かこ》に類を見ないものでした。これはメディアでも大きくとりあげられました。

予想以上の数のボランティアが集まったことから、新たな課題もうかびあがりました。初心者をふくむたくさんのボランティアを適切《てきせつ》に調整し、効率《こうりつ》よく配置するしくみづくりです。

ボランティアをしたい人にはそれぞれの自発性《じはつせい》にもとづく「これがしたい」という希望や特性《とくせい》があり、支援《しえん》をもとめる人にはそれぞれ個別《こべつ》の事情《じじょう》があります。これらを聞きとって調整し、じっさいの活動につなげることをボランティア・コーディネートといい、その専門家《せんもんか》をボランティア・コーディネーターといいます。この機能《きのう》はあらゆるボランティア活動に必要なものですが、災害《さいがい》の現場《げんば》ではとくに重要です。災害の現場でこの機能をになう機関が災害ボランティアセンターです。

阪神・淡路大震災のあと、被災地でのボランティアの連携《れんけい》やコーディネートをになう団体《だんたい》がいくつか誕生《たんじょう》しました。市民団体やボランティアをたばねるだけでなく、地域《ちいき》や行政《ぎょうせい》と連携をとって被災状況《じょうきょう》をつかみ、必要とされる支援《しえん》を展開《てんかい》する役割《やくわり》です。さらに、全国の災害支援を行う団体が連絡《れんらく》をとり、ネットワークがつくられていきます。

このようにして、災害が起こったときには、行政・地元の社会福祉《ふくし》協議会・災害支援団体が連絡をとりあって災害ボランティアセンターをつくり、そこを起点としてボランティアによる支援活動を開始するしくみが各地で完成されていきました。2011年に東日本大震災が起こったときには災害ボランティアセンターの立ちあげ、支援団体のネットワーク、ボランティアの活動マニュアルがしっかりと機能したのです。

「流れ作業」でいいのか？

効果的《こうかてき》で効率《こうりつ》のいいしくみができ、ボランティアがスムーズに活動できるのはよいことです。いっぽうで、効率化《こうりつか》を進めすぎると、ボランティア本来のすがたに反してしまうのではないかという意見も出ています。それを「まるで工場の流れ作業のよう」と表現《ひょうげん》した人もいます。

たとえば、災害《さいがい》ボランティアの経験者《けいけんしゃ》はしばしば「支援《しえん》する立場ではあったが、被災地《ひさいち》の方から多くのものを学んだ」と語ります。このような人間どうしの交流を「得《え》よう」とすることは、支援活動においてよけ

いなことなのでしょうか。

効率化、マニュアル化を進めるなかでぬけおちやすいのは、こうした人間的なかかわりといえるでしょう。たとえばうっかりボランティアにあき時間ができてしまったときなどに、ボランティアが被災者《ひさいしゃ》と「ただ、ともにすごす」時間が生まれます。そのようなタイミングで、ボランティアにとっても被災者にとっても印象深《いんしょうぶか》い出会いが起こるのです。時間に追われ、しくみに動かされる活動では、ボランティアと被災者の距離《きょり》が遠くなり、このような出会いは起こらなくなってしまいます。

「被災者《ひさいしゃ》を最優先《さいゆうせん》に考える」とは

ここであらためて確認《かくにん》しておきたい原則《げんそく》は、「被災者《ひさいしゃ》が最優先《さいゆうせん》」ということです。

支援者《しえんしゃ》は「さっさと作業を進めて、一刻《いっこく》も早く被災者の人たちを平時の状態《じょうたい》にもどしてあげたい」という思いで活動しがちです。また、高度に効率化《こうりつか》された活動ではそれがもとめられるでしょう。しかしそのとき、当事者である被災者を置きざりにしていないかということに、注意を向けなければなりません。

たとえば、被災《ひさい》した家のかたづけを手伝《てつだ》っている状況《じょうきょう》を想像《そうぞう》してみてください。どんどんがれきを撤去《てっきょ》し、ごみをふくろにつめこんでいく。こうした場面ではときに、ボランティアだけが高揚《こうよう》した気分になってしまうことがあるそうです。

そのがれきは「家」の一部であり、どろにまみれた「ごみ」は被災者の大切な生活の一部だったものです。どんなにいたんでいても、すててよいものかどうかの判断《はんだん》は被災者が行うべきですし、判断に時間がかかることもあります。被災者の心情《しんじょう》によりそい、ペースを合わせる心配りが必要です。

また、災害《さいがい》ボランティアの活動は、大きく報道《ほうどう》された災害や被災地に集中しがちです。最近の災害では、被災者自身がインターネットやSNSなどを活用して救援《きゅうえん》をもとめる事例も見られるようになりました。しかし、助けはほしいけれど注目されたくない事情《じじょう》をもつ人もいます。そうした「声の小さい」人に支援をとどけるには、やはり地域《ちいき》のつながりが必要です。ボランティアの側には、表だって報道されていない被災地に気づく情報収集力《じょうほうしゅうしゅうりょく》、小回りのきく行動力がもとめられるでしょう。

支援する側もされる側も、それぞれに思いのある人間です。支援活動のコーディネートは、被災者の思いも、ボランティアの思いもないがしろにしないかたちで進めなければなりません。

福島県浪江町《なみえまち》で開かれた「思い出の品展《てん》示場《じじょう》」。東日本大震災《だいしんさい》のあと、復旧《ふっきゅう》工事や除染《じょせん》作業などで見つかった品が展示されました。　©朝日新聞社

3. 災害《さいがい》ボランティアの新たな動き

災害《さいがい》にそなえる人材育成

　災害支援《さいがいしえん》の現場《げんば》でボランティアは存在感《そんざいかん》をまし、行政《ぎょうせい》からもたよりにされています。しかし、ボランティア組織《そしき》の充実度《じゅうじつど》は地域《ちいき》によって差があるため、災害ボランティアセンターや避難所《ひなんじょ》の要《かなめ》となる人材の不足が課題になっています。ボランティア・コーディネートの役割《やくわり》を果たせる人材や、高齢者《こうれいしゃ》や乳幼児《にゅうようじ》への配慮《はいりょ》など、広範囲《こうはんい》の知識《ちしき》がもとめられる避難所運営《うんえい》をになえる人材が必要です。

　政府《せいふ》は 2021 年、災害ボランティアが住民の避難《ひなん》生活を支援するスキルを学ぶ研修制度《けんしゅうせいど》を創設《そうせつ》することを発表しました。国が災害ボランティアを育成する制度を打ちだしたのははじめてのことです。

　避難所の運営を支援する「リーダー」、避難所を巡回《じゅんかい》し、指導《しどう》を行う「アドバイザー」、医療《いりょう》や福祉《ふくし》の専門家《せんもんか》や自治体と連携《れんけい》する「コーディネーター」などの役割《やくわり》ごとにコースをもうけ、研修を行うことが予定されているそうです。

　国の制度によって育成されるボランティアに「自発性《じはつせい》」があるのか、本来仕事として給料をはらうべき活動が「ボランティア」の名のもとに無償《むしょう》労働にされていないかは、今後議論《ぎろん》をつづけていく必要があるでしょう。

中学生・高校生がもつ力

2011 年 3 月、避難所《ひなんじょ》となった岩手県釜石《かまいし》市《し》の体育館で、夕食のもりつけをする地元の高校生。　ⓒ朝日新聞社

　災害支援《さいがいしえん》の現場《げんば》では「あるものでなんとかする」「いる人でなんとかする」くふうがもとめられます。現場でのくふうは、被災者《ひさいしゃ》や支《し》援者《えんしゃ》のあいだで共有され、現場の知恵《ちえ》として語りつがれていきます。2011 年の東日本大震災《だいしんさい》の経験《けいけん》から発見されたことは数多くありますが、そのうちの一つが、中学生・高校生の活躍《かつやく》です。

　避難所《ひなんじょ》では、支援品《しえんひん》を仕わけしたり、食料を配ったり、水を運んだり、こまごまとした作業がたくさん発生します。被災者のなかでも、おとなは家族の世話をしたり、職場《しょくば》での役割《やくわり》があったりして、避難所の運《うん》営《えい》になかなか力を注げません。中学生・高校生は、そこで大きな力を発揮《はっき》したのです。

　防災《ぼうさい》の知識《ちしき》や技術《ぎじゅつ》を身につけた「防災ジュニアリーダー」を養成するさまざまなこころみが、全国各地の中学校や高校で行われています。部活動として「防災部《ぼうさいぶ》」が設立《せつりつ》された学校もあります。中学生・高校生は、避難所運営をささえる人材として、また防災をになう次の世代として、大きな期待をよせられています。

さくいん

あ

か

さ

た

な

は

ま

や

ら

アルファベット

J

N

S

監修

西尾雄志（にしお・たけし）

早稲田大学大学院社会科学研究科満期退学。博士（学術）。学生時代より FIWC（フレンズ国際ワークキャンプ）関東委員会で活動を行う。早稲田大学平山郁夫記念ボランティアセンター客員准教授などをへて、現在は近畿大学総合社会学部准教授。日本ボランティア学習協会理事、日本財団ボランティアセンター理事。著書に『ハンセン病の「脱」神話化　自己実現型ボランティアの可能性と陥穽』（皓星社）、共著に『承認欲望の社会変革　ワークキャンプにみる若者の連帯技法』（京都大学学術出版会）がある。

取材協力（五十音順）

一般社団法人 OPEN JAPAN
一般社団法人 まるオフィス
NPO 法人 肥前浜宿水とまちなみの会
NPO 法人 プラス・アーツ
鬼柳鬼剣舞保存会
社会福祉法人 まちスウィング
認定 NPO 法人 レスキューストックヤード

写真提供（五十音順）

朝日新聞社
一般社団法人 OPEN JAPAN
一般社団法人 まるオフィス
NPO 法人 肥前浜宿水とまちなみの会
NPO 法人 プラス・アーツ
鬼柳鬼剣舞保存会
社会福祉法人 まちスウィング
認定 NPO 法人 レスキューストックヤード

表紙・カバー写真提供

大…一般社団法人 OPEN JAPAN
小…認定 NPO 法人 レスキューストックヤード

本扉写真提供

一般社団法人 OPEN JAPAN

スタッフ

執　筆	宮本幹江 栗生こずえ
装　丁	村口敬太（Linon）
デザイン・組版	株式会社ライツ（角田竜一）
イラスト	宮下やすこ
校　正	菅村薫
編集・制作	平尾小径 株式会社桂樹社グループ
編集協力	當摩裕子
制作協力	福島デザイン室

ISBN978-4-7999-0439-8　NDC 369　48p　293×215mm

もっと知りたいボランティア

5　知ろう！ 地域社会・災害ボランティア

2022年3月　初版第1刷発行

発行者　水谷 泰三
監　修　西尾 雄志
発　行　株式会社文溪堂
〒112-8635　東京都文京区大塚3-16-12
TEL　営業(03)5976-1515　編集(03)5976-1511
ホームページ　https://www.bunkei.co.jp
印刷・製本　図書印刷株式会社